j'ai raté le bus

Jean-Luc Luciani
adaptation **Pierre Le Borgne**

niveau A2+
CD audio inclus

Texte original abrégé

Dans la même collection

Niveau A1
Disparition à Saint-Malo
Le casque mystérieux
Quinze jours pour réussir !

Virgule
Mais où est Louise ?

Niveau A1/A2
S.O.S. Urgences

Niveau A2
Un agent très secret
Carton rouge ou mort subite
C'est pas compliqué l'amour !
Avertissement de conduite
Crime d'auteur
La révélation

L'ours sort ses griffes
Un printemps vert panique
Les disparus de Fort Boyard
La fille qui vivait hors du temps
En scène les 5e

Conception et direction artistique de la couverture :
Christian Dubuis Santini © Agence Mercure

Conception de l'intérieur et mise en page : Nicole Pellieux

Illustrations : Annie-Claude Martin

Crédits CD audio :
Enregistrements, montage et mixage : Fréquence Prod
Musique : *Kids a gogo*, Laurent Lombard, Éditions kosinus / K musik /
Kapagama

© Rageot-Éditeur/Les Éditions Didier, Paris 2007   ISBN 978-2-278-06091-7
Achevé d'imprimer en Italie en mai 2011 par G. Canale & C. - Dépôt légal : 6091/04

Avant-propos

Lecture : mode d'emploi

Lire est d'abord un plaisir : ne le gâche pas en t'arrêtant à chaque fois que tu rencontres un mot inconnu. Continue ! La plupart du temps, tu auras tout compris au bout de quelques lignes grâce au contexte.

Si tu as l'impression que tu ne comprends pas quelque chose d'important, n'hésite pas : reprends au début du chapitre.

Avant de passer au chapitre suivant, tu peux – si tu le veux – faire le point en répondant aux questions posées à la fin du livre, page 47. Si tu as un doute, regarde les réponses page 62 : ainsi, tu sauras tout ce qu'il faut savoir pour comprendre la suite.

Pour t'aider, tu trouveras la liste des personnages à la page 6 et l'explication des expressions marquées d'un astérisque (*) dans le lexique, page 53.

Le roman *Le jour où j'ai raté le bus* a été écrit pour des adolescents francophones. Le texte que tu vas découvrir est le texte partiel. En effet, pour que le livre ne soit pas trop long, certains passages sont résumés.

Lire n'est pas seulement une source de plaisir. La lecture permet d'affermir tes connaissances, de revoir du vocabulaire et de constater que grâce au contexte tu comprends beaucoup plus de choses que tu ne le pensais !

Si tu le veux, tu peux noter les expressions qui te semblent personnellement utiles dans ton carnet de vocabulaire.

Remarques pour le professeur

Le texte proposé correspond à un niveau A2 de compétence en lecture. Le héros du roman a le même âge que le lecteur, il évolue dans un milieu qui lui est familier : la famille, la ville, les transports en commun, etc. Les situations sont celles de la vie quotidienne. Le héros est un garçon handicapé qui nous raconte une journée extraordinaire où un concours de circonstances lui a permis de découvrir sa ville seul, sans l'aide de personne. Nous l'accompagnons dans sa découverte très mouvementée de Marseille.

Les questions et activités proposées pour chaque chapitre permettent au lecteur de vérifier qu'il a globalement compris le texte et qu'il a repéré les quelques informations importantes pour la compréhension de l'histoire.

Quand, pour les besoins spécifiques du récit, le vocabulaire utilisé dépasse les connaissances supposées acquises au niveau de compétence A2, nous avons veillé à expliquer en annexe les mots utiles pour une compréhension globale du texte ou une bonne compréhension de points de détail importants pour suivre l'histoire.

Sommaire

Les personnages

La famille Dagrier

Papa Christian : monsieur Dagrier, père de Benjamin
et d'Alexandre.

Maman Brigitte : madame Dagrier, mère de Benjamin
et d'Alexandre.

Benjamin : 14 ans. Il est handicapé : il a du mal à parler,
il marche difficilement.

Alexandre : frère de Benjamin, 10 ans.

Autres personnages

Joseph Alasio : chauffeur de taxi qui rêve d'aventures.

Monsieur Albert : chauffeur du car de ramassage scolaire
qui emmène Benjamin tous les jours à l'école Saint-Thys.

Monsieur Freira : directeur de l'école Saint-Thys,
un centre qui accueille les enfants handicapés.

Mélanie : fille de l'âge de Benjamin. Elle est parfois très
méchante et ne pense qu'à s'amuser.

Michel : orthophoniste qui s'occupe de Benjamin à l'école
Saint-Thys.

Monsieur Monentis : patron de la compagnie de taxis.

Monsieur Sorrentino : patron du petit train.

Et aussi…

Le capitaine du ferry-boat ; le psychologue ; une serveuse ;
des policiers ; etc.

Lieu : Marseille, avec ses rues, ses touristes, le Vieux-Port…

CHAPITRE 1
La raie* sur le côté

Benjamin, dépêche-toi, nous allons être en retard. Ça, c'est la grosse voix de papa Christian quand il fait semblant* d'être en colère pour que je ne traîne pas trop dans la salle de bain. Mais moi je sais bien qu'il me reste encore deux minutes de mon temps à moi. C'est tous les matins pareil, sauf le samedi et le dimanche où je peux dormir plus longtemps. Les jours d'école, par contre, il faut que je respecte* les horaires*.

Les horaires, c'est quelque chose de très important. Si on ne les respecte pas, ensuite tout marche* de travers. Et moi, oh oh, ça m'énerve* !

L'horaire du réveil* qui sonne, c'est sept heures moins le quart. Même que j'ai du mal à prononcer le sept, tout le monde comprend cinq heures moins le quart et souvent on me demande pourquoi j'ai besoin de me lever si tôt. Et moi, ça, ça m'énerve.

À partir de là, j'ai quinze minutes pour prendre mon petit déjeuner. C'est un moment très important afin de se sentir en forme pour le reste de la journée. En général, c'est mon frère qui me le prépare à l'avance. Il est sympa avec moi, Alexandre. Lorsque j'arrive dans la cuisine, mon bol est déjà rempli de corn-flakes et il y a la bouteille de lait qui attend tout à côté. Prête à être versée.

Mais moi je n'ai pas trop confiance*, des fois Alexandre se trompe* sur la quantité*, et je recompte toujours le nombre de mes corn-flakes.

Maman Brigitte insiste pour que je dise «flocons de maïs» et papa Christian ajoute toujours que ce n'est pas parce qu'ils ont débarqué une fois sur nos plages qu'on doit inviter les Américains tous les matins à notre petit déjeuner familial.

Entre soixante et quatre-vingts corn-flakes ça fonctionne, c'est un bon petit déjeuner. En dessous ou au-dessus, c'est la catastrophe. Le nombre de corn-flakes dans le bol du matin, il ne faut pas rigoler* avec ça. Sinon après le monde tourne* à l'envers et plus personne ne s'y retrouve. Ça énerve mon frère que je recompte, mais c'est plus fort que moi, je n'arrive pas à m'en empêcher*.

Ensuite, je dois me laver le visage et me coiffer. Je dispose de dix minutes pour cette opération. C'est beaucoup de temps pour une si petite opération, mais la salle de bain se trouve au premier étage et pour moi c'est plus compliqué de monter des escaliers que pour la plupart* des personnes. C'est important d'être bien coiffé, alors je fais très attention.

Je suis un spécialiste de la raie sur le côté. Je fais râler* papa avec cette histoire, parce que ça fait très longtemps qu'il n'a plus assez de cheveux pour se coiffer. L'avantage de son crâne* chauve*, c'est qu'il lui fait gagner* au moins cinq minutes sur son horaire.

Enfin, il me reste vingt minutes pour m'habiller. Avant, il ne me fallait que dix minutes pour accomplir cette opération, mais maman m'aidait beaucoup.

Depuis que je suis plus grand et que je veux tout faire seul, la durée de l'habillage s'est allongée de dix minutes.

Et, si on respecte les horaires, je dois être prêt pour partir à l'école à sept heures vingt-cinq. Devant le portail, avec le ventre bien rempli et la raie sur le côté tracée bien droite.

– J'arrive, papa…

Bon, j'ai décidé de ne pas profiter* des deux minutes qui me restent, mais il ne faut pas que ça devienne une habitude. Si on commence à ne plus respecter les horaires, le monde ne tourne* pas bien et les gens se retrouvent la tête* dans le mauvais sens. Et moi, oh oh, ça m'énerve.

CHAPITRE 2
Le car* de ramassage

Une fois devant le portail, je dis au revoir à maman Brigitte qui emmène mon frère Alexandre dans son école à lui. Puis, je monte dans la voiture de papa Christian qui m'emmène jusqu'au car de ramassage qui me transporte dans mon école à moi.

C'est comme ça, mon frère et moi, nous n'allons pas dans la même école. Lui, il va dans une école normale et moi dans une école spéciale pour enfants qui ont des problèmes. Le directeur de mon école n'aime pas qu'on nous appelle des enfants anormaux, il préfère dire que nous sommes des enfants extraordinaires*.

Le car de ramassage passe très exactement à sept heures trente-cinq devant l'arrêt qui se trouve à côté de la boulangerie. Papa dispose donc de dix minutes. Ce qui est un temps* largement suffisant vu qu'il n'y a qu'un kilomètre et trois cent quinze mètres à parcourir.

Je connais* la distance par cœur. Tous les matins, j'observe les chiffres qui défilent sur le compteur* kilométrique de la voiture de papa.

M. Albert conduit le car jaune du ramassage scolaire. Son nom de famille, je ne le sais pas. Je dis juste :

– Bonjour monsieur Albert !

Et puis je vais m'asseoir à la place qui est la mienne.

La place qui est la mienne se trouve deux rangées derrière le chauffeur, sur la gauche, contre la vitre*. Si par malheur ma place est occupée par un autre enfant, oh oh, moi ça m'énerve et je reste planté dans l'allée centrale en attendant qu'il se passe quelque chose. En général, M. Albert se lève et demande à l'intrus* de changer de place. Ensuite, tout rentre* dans l'ordre et le car peut démarrer.

Je fais un signe de la main à papa Christian qui lève la main droite pour me saluer à son tour et c'est la dernière image de lui que j'emporte avec moi jusqu'au soir dix-huit heures, moment où je reviens à la maison.

Parfois, sur le chemin du retour, il y a des embouteillages* et là, oh oh, moi ça m'énerve parce que je sais que maman Brigitte va s'inquiéter*. Je crie :

– Plus vite monsieur Albert !

M. Albert commence par râler puis il répond :

– Je fais ce que je peux, Benjamin !

Mais les autres enfants m'ont entendu et à leur tour ils reprennent en chœur :

– Plus vite chauffeur ! Plus vite !

M. Albert râle encore plus fort.

– Arrêtez ce chahut* les enfants, je fais ce que je peux.

Mais nous, on n'arrête pas. Ça nous fait rire.

CHAPITRE 3
Le grand charabia*

Tout ça, c'est parce que j'étais très pressé de sortir du ventre de maman Brigitte. Je suis sorti un peu plus de deux mois en avance. C'est beaucoup trop tôt il paraît.

Alors, les vingt-six premiers mois de ma vie sur terre se sont déroulés dans une salle d'hôpital avec des tuyaux* plantés de partout et mes parents de l'autre côté de la vitre.

Pour dire la vérité, j'étais prématuré*. Comme c'est un mot difficile et que ça m'énerve, je préfère dire préné.

Chaque fois que l'on rencontre des gens nouveaux et qu'il faut leur raconter mon histoire pour qu'ils comprennent mieux pourquoi je suis comme ça, c'est moi qui explique.

Papa Christian vient à mon aide lorsqu'il s'aperçoit* que les gens font des têtes* de sardine, ce qui signifie qu'ils ne comprennent rien à mon charabia.

Mon charabia, c'est parce que j'ai des problèmes pour prononcer les mots compliqués et certains sons. Ça m'énerve et plus je m'énerve, plus mon charabia devient charabia. Il faut que j'apprenne à me détendre*. C'est ce que me répète tout le temps mon kiné*… oh oh, ça aussi c'est un mot avec lequel j'ai des problèmes, je n'arrive pas à le dire en entier. Je préfère dire mon masseur*. Il est marrant mon masseur. Je lui demande :

– Vous seriez détendu*, vous, dans ma situation ?

Attention, là je traduis correctement mon charabia. Voilà ce que ça donne si je n'utilise pas mon décodeur :

– Vouch sheuré détdu vouch, da mach siuachio ?

Le tout accompagné de grimaces* et de mouvements incontrôlés*.

Qui parviendrait à se détendre avec la moitié de ce que j'ai à endurer tous les jours ? Vous voulez connaître la liste de mes problèmes ? Accrochez-vous, c'est parti !

Problèmes pour marcher plus de cent mètres, grimper* un escalier, rentrer seul dans une baignoire, se laver les dents, parler correctement, manger normalement, tenir un verre, boire sans s'inonder*, se coucher dans un lit, s'habiller seul, aller aux toilettes, caresser doucement un chat, répondre au téléphone, acheter quelque chose dans un magasin, écrire ne serait-ce qu'un mot sur une feuille de papier, taper sur les touches d'un clavier d'ordinateur… J'arrête là, vous risquez de vous endormir.

Alors, je repose ma question :

– Qui parviendrait à se détendre ?

Vous voyez bien, impossible de se détendre lorsqu'on est comme moi. Et si en plus les objets qui m'entourent se mettent* eux aussi à tourner dans le mauvais sens*, alors ma vie devient vite très compliquée.

Chapitre 4
Un réveil* raté

Il était une fois un réveil qui avait tourné toute la nuit dans le mauvais sens des aiguilles*.

C'est comme ça qu'elle commence mon histoire à moi. Par une sonnerie qui oublie de sonner, un papa et une maman qui ne se réveillent pas à l'heure, des horaires qui ne sont plus respectés et un matin horrible où les gens qui ont la tête* à l'envers peuvent basculer* dans le vide.

Maman Brigitte doit donner un cours très important à la faculté et elle part à toute vitesse de peur que le cours ne commence sans elle. Ce matin, c'est papa Christian qui emmènera mon frère Alexandre à son école.

Papa aussi est pressé parce qu'il a une sorte de réunion super importante pour ses affaires et il dit qu'il a juste le temps de laisser Alexandre devant l'école.

— Et pour mon car de ramassage scolaire ? je demande.
— Il est trop tard, il est déjà passé, répond papa.

– Oh oh…

– Ne t'énerve pas Benjamin, voilà comment ça va se passer. Je vais appeler avec mon téléphone portable une compagnie de taxis qui enverra une voiture te prendre pour t'emmener à l'école. Tu ne resteras pas plus de dix minutes seul, tu es d'accord ?

Moi, ça ne me plaît pas trop ce nouveau programme. Il manque des tas de choses comme le recomptage des cornflakes ou encore la raie sur le côté. Je n'aime pas qu'on change mes habitudes, mais bon, je comprends que papa n'a pas vraiment le choix. Je lui fais mon grand numéro de menteur.

– D'accord, tout va bien, j'attends devant la porte que le taxi arrive, c'est ça ?

– Super, Benjamin, dit papa en souriant, on se retrouve ce soir à la maison. Tu me raconteras ton trajet en taxi.

Alexandre court vers moi et me serre dans ses bras.

– Je suis très fier de toi, grand frère, il chuchote* à mon oreille.

Je ne sais pas quoi répondre, je me contente* de lui taper sur l'épaule et d'essayer de lui offrir mon plus beau sourire, sans trop de grimaces.

Aussi étrange que cela paraisse, c'est moi le frère aîné*, je vais fêter mes quatorze ans. Et pourtant c'est toujours Alexandre – lui il n'a que dix ans – qui m'a aidé dans la vie. Il s'entête* malgré tout à m'appeler grand frère. Autant vous dire que je l'aime énormément mon petit frère.

Ensuite la voiture s'éloigne, je vois le bras de papa Christian sortir par la fenêtre et me saluer. Je lui réponds, mais je ne suis pas certain qu'il ait le temps de bien voir parce que la voiture tourne rapidement au coin de la rue et je me retrouve seul.

J'ai un petit pincement* au cœur et j'attends le taxi.

Joseph Alasio reçoit l'appel de sa compagnie à sept heures cinquante-sept précisément.

— Un enfant à aller chercher au 52 rue Lacipède, il faut l'emmener au centre Saint-Thys. La course vous sera réglée* sur place par le directeur. Qui est preneur ?

Joseph se précipite sur le micro.

— Je prends ! Je suis quartier Bon-Secours, j'y serai dans cinq minutes.

— OK.

La fréquence* grésille et annonce déjà une nouvelle course.

Joseph roule vite. Il rêve qu'il traverse l'océan Pacifique seul sur un petit bateau. Il va être champion du monde. Il entend le bruit des vagues contre son bateau.

Le feu au croisement vient de passer à l'orange.

Ce n'est pas possible, pas maintenant ! Joseph ne peut échouer* si près de son rêve.

Il accélère*. Le feu passe au rouge, tant pis ! Il ferme les yeux. S'il passe c'est gagné. Record historique. Joseph Alasio, le survivant* du Pacifique.

Le choc est terrible. On l'entend jusqu'sur les hauteurs des collines de Sainte-Marthe.

CHAPITRE 5
Rencontre sur le trottoir

J'ai compté dans ma tête. Cela fait quatre cent dix-huit « tip-tap » que j'attends sur le trottoir en face de la maison. Il y a eu seize voitures qui sont passées depuis le départ de papa Christian et d'Alexandre, mais aucune n'était un taxi. Cinq voitures étaient rouges et une avait un toit ouvrant.

Il y a eu aussi deux cyclistes, une dame avec une poussette* et un bébé dedans, un garçon sur un skate qui m'a regardé bizarrement et un chien qui a grogné en me montrant ses dents. Tout ça ce n'est pas normal, ce n'est pas comme d'habitude.

Alors moi je commence à m'énerver. Si tout le monde se met à faire n'importe quoi, si plus personne ne respecte les horaires, ce n'est pas possible que je m'y retrouve dans mon programme à moi.

Le garçon en skate revient avec des copains et une fille. Les garçons se moquent de Benjamin.

À ce moment, la fille fait reculer* la bande des excités.

– Eh, tout le monde se tient tranquille ! Vous ne voyez pas qu'il a un problème ?

Elle pose sa main sur mon épaule et me parle doucement :

– Vas-y, respire* à fond, calme-toi et parle sans t'énerver. Je vais essayer de comprendre ce que tu essaies de dire.

Alors je fais exactement tout ce qu'elle dit et effectivement, lorsque je me remets à parler, il n'y a presque plus aucune trace* de mon charabia.

– J'attends un taxi pour aller à Saint-Thys, mais je crois que le taxi m'a oublié.

– Tu veux aller à Saint-Thys, c'est bien ça ? elle me demande. Je réponds oui d'un signe de la tête.

– Alors tu n'as pas de raison d'être inquiet*, elle dit, regarde bien l'abribus* là-bas, tu prends le bus numéro quarante-cinq et tu comptes sept arrêts. Tu descendras au huitième, tu seras juste en face du centre.

J'attends qu'elle finisse de parler, puis je parle à mon tour.

– Oh, oh, je crois que j'ai un problème.

Mais cette fille est vraiment très forte, elle comprend tout. Même pas besoin de lui expliquer, elle devine* à l'avance.

– Tu n'as pas de ticket de bus, c'est ça ?

À nouveau un mouvement de tête pour lui signifier* qu'elle a trouvé.

– Tiens je t'en donne un, elle dit en me tendant un petit ticket bleu et blanc barré d'une ligne marron, c'est cadeau.

À ce moment, un bus apparaît au coin de la rue.

– Justement le voilà, tu as de la chance, dit la fille avec un sourire tout en faisant signe au chauffeur de s'arrêter. Tu sais compter jusqu'à sept au moins ?

– Pour ce qui est des chiffres, je suis incollable.

– Parfait, alors tu compostes* ton billet, tu t'assois sur un siège, tu comptes sept arrêts et tu descends au huitième, tu te rappelleras ?

– Oui, merci pour tout.

– C'est rien.

La troupe me regarde monter dans le bus, je mets un petit moment parce que les marches sont hautes et que ce n'est pas évident. Mais bon, comme d'habitude j'insiste, je fais mon têtu* et j'y arrive sans l'aide de personne.

Le bus redémarre brutalement et je manque* m'étaler dans l'allée centrale.

La fille me fait un signe de la main et je lui réponds de la même manière en me tenant fermement à la barre de l'autre main.

Puis le bus prend de la vitesse, je m'assois sur un siège et je me concentre sur les arrêts.

– Eh Mélanie, comment tu sais que ce bus va à Saint-Thys ? demande le garçon avec le skate.

– Je n'en sais rien du tout, elle répond. En fait je ne sais même pas où il va ce bus. Lorsqu'il descendra au huitième arrêt, ce débile* va se retrouver en territoire* inconnu.

– Ah, ah tu es la meilleure ! s'esclaffe* un des garçons.

– Ouais c'est trop fort, continue le deuxième.

– Pour ce qui est des méchancetés*, tu es la reine, conclut celui en skate.

CHAPITRE 6
Le voyage dans l'autobus

C'est bizarre parce que je ne reconnais* rien. Normalement, je connais le chemin par cœur, je l'ai déjà fait trois mille six cents fois depuis que je vais à Saint-Thys dans le car jaune de ramassage scolaire. Dans le bus numéro quarante-cinq, j'ai trouvé une place libre deux sièges derrière celui du chauffeur. Ça c'est bien, j'ai l'impression d'être derrière M. Albert et ça me rassure* un peu.

Ce qui m'énerve par contre, c'est que je ne reconnais rien de rien. Au début, c'était comme les matins normaux. Il y a eu la poste avec son mur tagué*, puis le feu rouge à côté du magasin de la fleuriste, celui où il faut compter jusqu'à dix-sept pour qu'il passe au vert, mais ensuite après le deuxième arrêt le monde a commencé à tourner dans le mauvais sens et je n'ai plus rien rencontré de connu*. Et ça oh, oh, ça m'énerve. Pourquoi ils changent tout aujourd'hui ? Les horaires, les habitudes, les cars qu'il faut prendre, la place des choses dans la rue. Pourquoi les réveils oublient de sonner, pourquoi les taxis n'arrivent pas?

Si après ça les gens ne se retrouvent pas pendus* par les pieds et la tête en bas pour le reste de leur vie…

Nous arrivons au sixième arrêt et toujours rien de connu, mais je vois de plus en plus de monde, des gens partout, qui marchent, qui courent, se croisent et se bousculent sans se regarder. Des voitures aussi. Beaucoup. De plus en plus. Elles se collent les unes à l'arrière des autres et font comme un grand serpent ou une farandole.

Avant le septième arrêt, notre bus vient embrasser le derrière d'une voiture blanche et se retrouve immobilisé* à son tour. Le bruit augmente, les klaxons klaxonnent et les râleurs râlent.

Je commence à avoir un mal de tête terrible et pour dire la vérité je m'affole* un petit peu. Soudain, sans que je sache* vraiment pourquoi, je m'entends crier:

– Plus vite chauffeur, plus vite!

Et là je comprends que j'ai dit une bêtise. Parce que tous les gens présents dans le bus m'observent avec des têtes de sardine. Je réalise* que je ne suis pas avec mes copains de Saint-Thys. Non, aujourd'hui je suis dans la vraie vie, enfin celle des gens ordinaires. Et dans leur vie à eux, les gens ordinaires font des têtes de sardine lorsqu'ils voient un garçon se tortiller* dans tous les sens et crier au chauffeur du bus de rouler plus vite alors que le bus est bloqué dans un embouteillage.

– Oh, oh… je fais en devenant aussi rouge qu'une tomate bien mûre.

Je profite* de l'arrêt suivant pour m'éclipser* pas très discrètement. Encore sous le coup de l'émotion, je manque m'étaler en descendant de mon siège, puis je me prends en pleine figure la barre du couloir.

Les bouches de sardine s'élargissent un peu plus. À croire qu'elles n'ont jamais rien vu d'autre que des gens ordinaires. Personne ne pense à m'aider et d'abord je n'en veux pas de leur aide, je suis assez grand pour me débrouiller* tout seul. Enfin, je crois.

Le bus repart et je reste seul sur le trottoir. Je regarde autour de moi et, oh, oh, je ne reconnais rien. Ça, ça m'énerve, ça m'énerve beaucoup.

Et ça m'inquiète aussi.

La chaîne* téléphonique

Monsieur Freira, le directeur du centre Saint-Thys, attend Benjamin devant la porte de l'école. Le taxi n'arrive pas. Monsieur Freira téléphone à monsieur Dagrier, le père de Benjamin. Monsieur Dagrier téléphone à monsieur Monentis, le patron de la compagnie de taxis. Il lui dit que le taxi de Benjamin n'est pas arrivé à l'école. Monsieur Monentis explique que le taxi a eu un accident. Monsieur Dagrier appelle ensuite une voisine. Il lui demande si Benjamin est encore sur le trottoir : la rue est vide. Monsieur Dagrier appelle sa femme : il lui raconte l'accident de taxi et la disparition de Benjamin. Ils décident d'aller à la police.

CHAPITRE 7
Une visite sans ticket

Bon, surtout ne pas paniquer*. Ne pas paniquer, plus facile à dire qu'à faire. C'est que je ne reconnais vraiment rien de rien. Les maisons, les rues, les véhicules, les gens, c'est que du nouveau et, c'est plus fort que moi, l'inconnu ça m'affole*.

Et pour ce qui est de l'inconnu, aujourd'hui, on peut dire que je suis servi. Tout se détraque depuis ce matin. Ça a commencé par le réveil de mes parents et puis le reste a suivi. À croire que le monde entier s'est mis d'accord pour me gâcher* la journée. Je crois bien que c'est un complot. Oh, oh, les complots moi ça m'énerve.

Et en plus je commence à me fatiguer, je n'ai pas l'habitude de rester aussi longtemps debout. Je décide d'avancer un moment au hasard.

Soudain, j'aperçois un petit train arrêté sur une place et, comme je suis fatigué, je me repose un instant sur l'une des banquettes. Autour de moi, il y a des tas de gens habillés de manière étrange, un peu comme au cirque, ils ont presque tous des appareils photographiques qui pendent autour du cou. Il y a exactement dix-sept personnes qui sont assises dans le train et elles ont chacune un ticket rose coincé* entre le pouce et l'index.

Je me demande ce qu'il faut faire pour obtenir un ticket de la même couleur, lorsque surgit* un homme en débardeur* avec une casquette bleue vissée au sommet* du crâne qui récupère un à un les tickets entre les doigts* des gens.

Il s'arrête face à moi, attend un moment, et comme rien n'arrive, il me demande :

– Votre ticket, jeune homme.

Oh, oh, il va y avoir un problème, je pense. Et comme moi je n'aime pas les problèmes, je commence à paniquer. Et quand je panique, plus personne ne comprend rien à ce que je baragouine*. Pas même avec un décodeur. Parce que, dans ces cas-là, le décodeur ne sert à rien. Il ne décode plus. Voilà ce que ça donne en général :

– Jeuch neuch schai pashh cheu qui fauccht pourre avoeur leuuu tiquaaiii.

En plus, je ne peux pas m'empêcher de me contorsionner* et de faire des grimaces.

Le gars* au débardeur n'insiste pas et passe au client suivant.

– Ticket siou plaît !

Mais il y a une dame qui ressemble à une crevette* rose avec un drôle de chapeau sur la tête qui n'a pas l'air d'accord avec ce qui vient de se passer.

– Hé un instant monsieur, ce n'est pas juste qu'il ne possède pas de ticket alors que nous avons dû nous acquitter* de la somme de sept euros cinquante afin de monter à bord de ce petit train et de profiter de la visite guidée de la ville. L'homme au débardeur marque une pause, puis il se retourne lentement vers la crevette et lui jette un regard* assassin. La crevette vire couleur rouge écrevisse.

– Il y a, madame, que ce jeune homme est mon petit frère. Je ne l'avais pas reconnu au premier abord, mais maintenant j'en suis sûr, c'est bien mon petit frère. Et pour mon petit frère, c'est toujours gratuit.

Ensuite il balaie du regard le reste des passagers.

– Est-ce que ça dérange* quelqu'un d'autre que mon petit frère voyage gratuitement?

Les gens du cirque regardent leurs sandales. Ça n'a pas l'air de les déranger que je sois le frère de quelqu'un qui ne me ressemble pas du tout et que je ne connais pas.

– Bon très bien, dit-il en me faisant un clin* d'œil, dans ce cas le train va démarrer dans une petite minute.

Avis* de recherche

Les parents de Benjamin vont à la police. Ils parlent à un inspecteur qui lance un avis de recherche. On envoie un appel à toutes les voitures de police: «Disparition d'un enfant attardé, 14 ans, difficultés pour parler et pour marcher.»

CHAPITRE 8
Le voyage dans le petit train

J e suis assis sur la banquette en bois du petit train et je suis bien. Un vent frais me lèche la figure, la voix dans les haut-parleurs m'explique en détail l'histoire des lieux que nous traversons et ça me plaît beaucoup. Ça change un peu de ma routine* habituelle.

Ma vie jusqu'à ce jour, c'était plutôt aucune surprise*, aucune contrariété*, programme et horaires fixes. Pour être honnête, il faut reconnaître que les surprises ça m'énerve un peu. Mes parents le savent très bien et ils font le maximum pour m'organiser une vie douce et prévisible*. Ils passent des heures à m'expliquer des choses qu'un enfant de dix ans comprendrait en cinq minutes, mais ils ne se découragent jamais. Même si parfois je m'aperçois que maman Brigitte craque* et s'isole* pour pleurer discrètement.

Papa Christian, lui, lorsqu'il craque c'est différent. Il hurle, il s'agite dans tous les sens et donne des grands coups de pied dans le mur du salon. Mais, dans ces cas-là, l'autre adulte prend toujours le relais* de celui qui est fatigué et notre famille continue d'avancer. Unie et heureuse.

Le petit train ralentit au milieu d'une rue étroite, puis s'arrête. Devant nous il y a une file de voitures bloquées et derrière un tas de voitures sont venues se caler comme pour nous empêcher de reculer*. Au début, tout le monde garde son calme et les touristes dans le train continuent à prendre des photos. Puis, petit à petit, ça s'énerve, les klaxons fusent, les gens râlent.

Un monsieur passe à hauteur du petit train et dit :

– C'est la faute au bus là-bas, il n'a pas la place pour tourner.

Moi, je commence à paniquer et soudain, je ne sais pas ce qui me prend, je me mets à hurler :

– Plus vite chauffeur !

Et oh, oh, misère de misère, voilà que je répète :

– Plus vite chauffeur !

Du coup, les crevettes me regardent avec des bouches de sardine. Je suis sur le point de descendre du petit train parce que je sens la honte* qui me gagne, mais il y a l'enfant d'une crevette qui a l'air d'apprécier* et qui répète en sautant sur sa banquette :

– Plus vite chauffeur ! Plus vite chauffeur !

Alors, comme ils n'ont rien de mieux à faire de toute façon, les passagers commencent à chanter en chœur :

– Plus vite chauffeur ! Plus vite chauffeur !

Certains se mettent à sauter sur la banquette comme l'enfant, d'autres tapent du plat de la main sur les flancs du petit train, puis ils s'attrapent par le bras et se balancent de

27

droite à gauche en reprenant de plus en plus fort :

— Plus vite chauffeur ! Plus vite chauffeur !

Cette fois, ce sont les gens dans la rue qui font des bouches de sardine.

Des questions sans réponses

Les parents de Benjamin quittent le bureau de l'inspecteur de police et rentrent chez eux. Ils sont inquiets : Benjamin ne connaît que l'école Saint-Thys. Il ne sort jamais seul et ne peut pas se diriger dans la ville. Il est midi vingt. La mère de Benjamin pousse un cri : « Il doit avoir faim ! Comment va-t-il manger ? »

CHAPITRE 9
*Un sacré numéro**

L es horaires des repas sont très importants. Si personne ne les respecte, le monde va trop mal et les gens restent pendus la tête* en bas pour toujours.

À l'école Saint-Thys, il y a la pause collation à dix heures du matin, là je mange deux biscuits et je bois un grand verre de jus d'orange.

Ensuite il y a le déjeuner qui a lieu de midi quinze à treize heures dix. Je m'assois toujours à la cinquième table, la troisième chaise du côté de la baie vitrée*. Dix ans que c'est comme ça.

Puis, l'après-midi, je prends mon goûter à seize heures entre Fabrice et Coralie, assis sur le banc qui se trouve près des toilettes. Deux biscuits plus une pomme ou une poire ou une banane, ça dépend.

Je suis au restaurant. Je me tiens bien droit et je tâche* de ne pas mettre les coudes sur la table comme papa Christian me l'a appris.

Aujourd'hui, tout va de travers* en ce qui concerne les horaires, mais pour la nourriture ça a l'air drôlement meilleur qu'à la cantine de Saint-Thys ou même qu'à la maison. Maman Brigitte, c'est la plus gentille des mamans, mais question cuisine je suis certain qu'en cherchant un peu, papa Christian aurait trouvé mieux.

M. Sorrentino, le patron du petit train, a absolument tenu* à me payer le restaurant.

– Avec ce que m'ont laissé les clients comme pourboire*, je te dois bien ça, il a dit. Allez viens, je te paie une bouillabaisse* sur le Vieux-Port.

D'après lui, c'est du jamais vu dans le métier. Des clients qui restent coincés* plus de vingt minutes dans les embouteillages et pas un pour râler. Au contraire, ils étaient tous trop contents d'avoir chanté ensemble. Et on reviendra, et c'était génial, et ça restera comme un grand souvenir de nos vacances, et…

Les compliments pleuvaient sur le conducteur du petit train et, comme c'est un malin, il gardait la main tendue.

Et plus les billets s'entassaient, plus son sourire s'élargissait.

Une serveuse s'approche et nous tend la carte. Mais M. Sorrentino lui fait signe que ce n'est pas la peine.

– Tu aimes le poisson, Benjamin ?

Et sans attendre ma réponse, il enchaîne :

– Alors ce sera deux bouillabaisses.

La serveuse note et lui tend une autre carte.

– Benjamin, tu ne bois pas de vin à ton âge, n'est-ce pas ?

À nouveau il n'attend pas ma réponse.

– Bon eh bien pour moi non plus, c'est que je travaille cet après-midi. Une bouteille d'eau gazeuse* suffira*. Merci.

La serveuse s'éloigne et M. Sorrentino sort un téléphone portable de sa poche.

– Tiens Benjamin, tu devrais en profiter* pour me donner ton numéro de téléphone, comme ça j'appelle chez toi histoire de rassurer* tes parents.

C'est un malin M. Sorrentino, il a dit ça l'air de rien, mais moi je le vois* venir avec ses gros sabots, alors je prends mon air distrait.

– Mon numéro, c'est le 04 91 41 36 87 95.

M. Sorrentino commence à pianoter sur son téléphone portable, mais il s'arrête en chemin.

– Euh Benjamin, il y a un nombre de trop...

– Mince, je me suis trompé. Ah ça y est, je me souviens maintenant, je dis en accentuant un peu mes gestes nerveux, c'est le 04 91 86 63 29.

Le conducteur du train recommence à taper sur ses touches, mais il stoppe à nouveau.

– Euh Benjamin, ces numéros n'ont aucun rapport avec ceux que tu m'as donnés juste avant.

Là, j'en rajoute encore un peu dans mon cinéma.

– Ça y est ! Je me souviens, c'est le 05 92 46 22 37.

Cette fois-ci, M. Sorrentino ne tente même pas de composer le numéro.

– Benjamin, ce n'est pas l'indicatif* de la région... Bon, ce n'est pas grave, laisse tomber.

À ce moment précis, la serveuse revient avec nos plats fumants.

– Mangeons d'abord, dit mon nouvel ami en calant sa serviette sous le menton.

Je fais pareil que lui et plus personne ne pense à prévenir* mes parents. Nous nous régalons* avec la bouillabaisse.

Moi, ça m'arrange parfois que les gens me prennent pour un idiot, parce qu'il ne faut pas croire, mais le numéro de la maison je le connais par cœur. C'est le 04 91 87 57 59. Et je connais aussi celui du centre Saint-Thys, le 04 91 55 87 11. Je connais encore le numéro de l'école d'Alexandre, le 04 91 26 45 71. Celui de l'endroit où travaille papa Christian, le 04 91 66 31 78. Le bureau de maman Brigitte, le 04 91 22 69 72. Je connais les numéros de leurs portables. 06 28 55 47 29 et 06 18 87 49 56. Le numéro de mon masseur, le 06 20 22 57 78. Le numéro du psychologue, le 04 91 98 26 52. Je connais même le numéro de téléphone du restaurant où l'on mange.

Je l'ai retenu aussitôt que je l'ai vu sur la porte d'entrée.

Des numéros, j'en connais des centaines. Le numéro de la plaque minéralogique de la voiture de papa, de celle de maman, les dates de naissance de tous les membres de ma famille, le numéro de chaque joueur de l'équipe de France de football. Plein d'autres encore. Même moi, parfois, je suis un sacré numéro comme dit papa Christian.

L'avis d'un spécialiste

Les parents de Benjamin sont très inquiets. Ils vont chez le psychologue qui s'occupe de Benjamin. Monsieur et madame Dagrier sont encore plus inquiets après les explications du psychologue. Il n'a pas d'enfants : il ne comprend pas que les parents ont besoin d'un peu de chaleur et que son discours de spécialiste ne les aide pas.

CHAPITRE 10
Le voyage sur le bateau

En sortant du restaurant, M. Sorrentino me serre la main. Il me souhaite bonne chance pour la suite de ma journée et puis il repart vers sa journée à lui.

Je reste un moment planté comme un horodateur* sur le quai du Vieux-Port à m'inquiéter de ce qui va arriver maintenant. Je n'en ai aucune idée et oh, oh ça commence à m'angoisser*.

Je pense qu'il est peut-être temps de prévenir papa Christian ou maman Brigitte, ça ne devrait pas être très difficile. Je peux demander à une personne qui téléphone dans la rue de me prêter son portable, cela ne me prendra pas plus de dix minutes pour me faire comprendre, à condition qu'elle ne se soit pas sauvée en me prenant pour un taré*. Ça m'énerve, moi, quand on me prend pour un taré.

Ou alors je peux entrer dans un taxi et lui dire de m'emmener jusqu'à la maison. Il faut juste qu'il arrive à comprendre l'adresse que je vais lui baragouiner, cela peut prendre un certain temps. S'il me demande de l'écrire, ça peut prendre plus de temps encore.

Je décide que, pour l'instant, rien ne presse vraiment.

Bien sûr je pense à maman Brigitte et papa Christian qui doivent se faire du souci*, mais je réalise aussi qu'une occasion comme celle-ci ne se représentera pas de sitôt et j'ai envie d'en profiter au maximum. Finalement, les habitudes, ça n'a pas que du bon.

Je me promène le long du quai, il faut que vous compreniez que pour moi une balade équivaut à une cinquantaine de mètres sans trébucher* et m'étaler par terre. Et soudain j'aperçois un attroupement. Je rejoins le groupe de personnes qui attendent parce que je n'ai rien de mieux à faire et que je commence à être fatigué. Très vite un bateau arrive, les gens montent à bord alors je fais pareil qu'eux.

Je m'assois directement parce que j'ai peur d'avoir le mal de mer si je reste debout.

Mais là ça va plutôt bien, peut-être parce que le bateau reste dans le port et que, du coup, la mer est aussi plate qu'une crêpe de maman Brigitte.

Ensuite il se passe exactement la même chose que dans le petit train, quelqu'un vient me demander mon ticket et je lui sers à nouveau mon charabia sans décodeur.

Le contrôleur n'insiste pas, mais contrairement à ce qui s'est passé dans le petit train, aucune des crevettes présentes sur le bateau ne proteste*, d'ailleurs ce ne sont pas des crevettes. Ce sont juste des gens comme vous et pas moi.

Puis le bateau traverse le port et il accoste* le quai d'en face. Toutes les crevettes qui n'en sont pas descendent et d'autres montent.

Étant donné que je n'ai toujours rien de mieux à faire et que ça me plaît de ne pas être malade comme d'habitude, je reste à ma place et je refais le trajet en sens inverse.

C'est drôle ce bateau qui ne fait que des allers-retours, il reste dans le port comme s'il avait peur d'aller naviguer en pleine mer.

Au bout de trois ou quatre traversées, celui qui semble être le capitaine vient me voir.

— Tiens donc, il dit, on a un passager clandestin* à bord. Alors mon gars, il te plaît mon bateau ?

Les pistes d'Alexandre

Monsieur et madame Dagrier vont chercher leur fils Alexandre avant la fin des cours de l'après-midi. À trois, ils veulent faire la liste des gens et des lieux que Benjamin connaît : son école, la boulangerie, le supermarché, monsieur Albert, le marchand de journaux... Mais cette liste ne sert à rien. Si seulement Benjamin avait un portable ! Mais il n'en a pas. Que faire ?

CHAPITRE 11
Le bout de mon monde

J e suis toujours sur le ferry-boat*. C'est comme ça qu'il s'appelle, le bateau, c'est le capitaine qui me l'a dit. Sept fois déjà que je fais la traversée et ça me plaît toujours autant.

Quand quelqu'un a un petit moment de libre, il vient discuter avec moi et ils ont l'air de s'en sortir assez bien avec mon charabia. Faut dire que, eux aussi, ils ont le leur de charabia. Des mots que je n'ai jamais entendus nulle part, avec un accent très étrange. Papa Christian parle parfois comme eux lorsqu'il imite Mme Chantoin, la poissonnière* du quartier*. Alexandre et moi, ça nous fait mourir* de rire. Bien sûr on meurt pas vraiment à la fin, on s'arrête de rire avant.

Tout à l'heure, le capitaine a essayé avec moi le même coup que M. Sorrentino, mais je l'ai vu* venir de loin avec ses grosses bottes de marin et je l'ai embrouillé* de la même manière. Le capitaine n'a pas insisté et j'ai continué mes traversées du Vieux-Port, tranquille.

Lorsque j'étais petit, la liste des choses que je ne pouvais pas faire seul était plus importante que la liste des choses que je pouvais faire seul. Maintenant que j'ai grandi, la liste s'est inversée* de sens, mais il y aura toujours une chose que je ne pourrai pas faire seul. C'est partir au bout du monde.

Et pourtant, aujourd'hui, j'ai des étoiles* plein la tête. J'ai des images, des odeurs, des bruits et des sensations qui m'étaient inconnus jusqu'ici. Comme si j'avais réussi à aller au bout de mon monde seul, par mes propres moyens, sans l'aide de personne. J'ai un immense goût de liberté posé sur la langue. C'est un goût tout nouveau pour moi et je peux vous dire qu'il est très spécial, ce goût-là. Je l'aime.

J'ai l'impression d'avoir parcouru des milliers de kilomè-tres, d'avoir découvert des pays étranges, qui ressemblent à ceux que me montre Alexandre dans son grand livre de la géographie du monde.

Hé mais attention, ne me prenez pas pour un taré. Ce n'est pas la peine de commencer à rigoler* de moi parce qu'il n'y a rien qui m'énerve plus que ça. Je le sais bien que je n'ai pas quitté ma ville, que le bout du monde pour moi c'est tout juste le quartier voisin, mais bon si vous ne voyez pas les étoiles qui brillent dans ma tête, alors c'est que vous ne comprenez rien à mon histoire.

Je décide tout à coup que mon voyage a assez duré*. Je commence à être fatigué, les gens que j'aime me man-quent* trop et puis surtout il y a les horaires du soir qui vont bientôt arriver. Ceux du programme de la télévision.

Je les connais par cœur, de cinq heures à vingt-trois heures trente. Et pas qu'une seule chaîne, je connais le programme des cinq chaînes. C'est facile parce qu'à la maison on n'a pas le câble, ni toutes les chaînes payantes. Mes parents sont contre.

Ce soir sur la Une, à vingt heures cinquante-cinq, il y a un film avec Louis de Funès et je ne raterai* ça pour rien au monde.

Il me fait rire, Louis de Funès, quand il parle on dirait moi. Il fait plein de grimaces, des gestes dans tous les sens, il s'énerve aussi comme moi et, en plus, bien souvent personne ne comprend rien à ce qu'il raconte. C'est tout moi ça, presque je pourrais faire croire que je suis son fils.

Lorsque le ferry-boat accoste, je descends sur le quai en évitant de m'étaler de tout mon long. Je me retourne et j'envoie un signe de la main au capitaine.

Ce dernier hurle par-dessus la tête des gens qui commencent à grimper à bord du bateau :

– Allez salut minot* ! Prends soin* de toi et reviens nous voir quand tu veux ! Ensuite il va s'asseoir à son poste et le bateau repart pour une nouvelle traversée.

Je le regarde s'éloigner un moment et puis je me demande comment je vais retourner chez moi.

En faisant un demi-tour hésitant, je percute* un passant et je manque partir à la renverse*. Heureusement l'homme me retient par les bras et m'évite une humiliation* en public.

Je lève la tête afin d'apercevoir mon tamponneur*-sauveur et soudain je comprends que les miracles n'existent pas seulement dans les films.

CHAPITRE 12
Une rencontre accidentelle*

J'en reviens* pas ! L'homme qui vient de me rentrer* dedans c'est Michel, l'orthophoniste* qui m'aide à faire des progrès dans mon charabia. Il vient une fois par semaine à Saint-Thys et il reste une demi-heure en tête à tête avec moi. Il me fait faire des tas d'exercices compliqués et il écrit aussi sur un petit carnet vert à spirale des consignes* pour mes parents. Comme ça je peux continuer à m'exercer à la maison.

C'est papa Christian qui s'y colle* les jours pairs* et maman Brigitte les jours impairs*. Moi, ça me fait rire parce que c'est mon père les jours pairs. Chaque fois je le redis et ça me fait toujours autant rire. À la maison, ils en ont parfois marre* de mon humour à répétition. «À très lourde répétition», dit souvent Alexandre.

Depuis que Michel l'orthophoniste s'occupe de moi, presque deux ans maintenant, mon charabia a évolué. La preuve c'est qu'il ne faut qu'un seul décodeur pour me comprendre, il y a deux ans il en aurait fallu au moins trois.

Mon orthophoniste préféré semble encore plus surpris que moi.

— Benjamin, ça alors! Qu'est-ce que tu fabriques* par ici? Tu ne devrais pas être à l'école?

Avec lui, je me sens en confiance* totale et donc je ne m'énerve pas lorsque je parle. Tranquillement je lui explique ma drôle de journée. Bon, ça prend quand même un certain temps parce que, parfois, il me fait répéter et puis qu'aussi j'aime bien raconter les détails sans importance.

Enfin, pour les gens ordinaires ce sont des détails sans importance, mais pour moi c'est important. Et des détails importants dans mon histoire, il y en a des tonnes. La couleur des vêtements que portent les personnes, la façon dont elles parlent, le nom des rues où je suis passé, l'heure et la minute où se sont déroulés les événements. Bon la liste est longue, je ne la déroule pas entièrement. Je raconte donc toute l'histoire et à la fin je suis quand même un peu épuisé*.

— Tu sais ce qu'on va faire, Benjamin, me propose-t-il en sortant un téléphone portable de sa poche, je vais appeler tes parents pour leur dire où nous nous trouvons et on va les attendre tranquillement à la terrasse du bar de la Marine en buvant une boisson fraîche. C'est moi qui t'invite. Tu es d'accord?

Je secoue ma tête d'avant en arrière. Si je suis d'accord à l'idée de m'asseoir, de me désaltérer* et de revoir mes parents ? Bien sûr que je suis d'accord. Il faudrait être fou pour ne pas accepter pareille proposition.

— Parfait, alors suis-moi.

Il m'aide à traverser la route, les voitures sont sympas, elles s'arrêtent volontiers lorsqu'elles voient que j'ai du mal à me déplacer. Personne pour klaxonner ou s'énerver. Que du bonheur. Des gens gentils et qui ont le temps. Michel les remercie tous d'un salut de la main et on va s'asseoir à la terrasse du bar qui fait face au débarcadère* du ferry-boat.

CHAPITRE 13
Les retrouvailles*

J e suis en train de terminer ma pêche Melba* lorsque la voiture de papa Christian se range contre le trottoir, pas très loin de l'endroit où nous attendons. Michel a été encore plus gourmand* que moi. Il a choisi une énorme glace avec plein de boules de différentes couleurs.

Il a du mal* à en venir à bout. Il n'arrête pas de répéter :

– J'ai eu les yeux* plus gros que le ventre.

Je ris à chaque fois qu'il prononce cette phrase.

Il y a une portière qui claque. Maman Brigitte se précipite vers moi et me prend dans ses bras. Elle me serre fort.

– Benja ! Est-ce que tu vas bien ?

– Oui, bien sûr que tout va bien. Tu sais, j'ai réalisé* un grand voyage.

Elle se détache de moi et me regarde avec des yeux de sardine.

– Un voyage ?

– Pas un voyage, un grand voyage. J'ai pris le bus, le train et le bateau. Tout seul, sans l'aide de personne.

Papa Christian et Alexandre nous rejoignent à leur tour. Mon frère me fait de gros bisous* baveux, ceux qui m'énervent tant, et mon père me caresse la tête.

– Tu dois être épuisé, dit-il, rentrons à la maison et tu nous raconteras ton aventure après un bon bain chaud.

Ensuite il remercie mon orthophoniste préféré d'une poignée de main vigoureuse.

– Ce n'est rien, déclare ce dernier, c'est normal. Vous en auriez fait autant à ma place.

Bien sûr, une fois installés dans la voiture, ils n'ont pas la patience d'attendre la fin du bain, ni même le début d'ailleurs, pour me poser mille questions.

– Pourquoi tu n'as pas attendu le taxi ?

– Comment as-tu fait pour te retrouver sur le Vieux-Port ?

– Tu dois être affamé*, non ?

– Et les filles ? Tu as parlé à des filles ?

Cette question-là, c'est Alexandre qui vient de la poser. Toujours à me charrier* celui-là, mais je l'aime très fort malgré tout.

Au début, je fais l'effort d'essayer de répondre à leurs questions, mais je commence à peine à balancer mon charabia qu'aussitôt une nouvelle question surgit et à la fin je suis complètement perdu dans la liste de mes réponses.

Papa Christian est le premier à réaliser que je suis en train de me refermer comme les huîtres* qu'on mange parfois lorsqu'il y a la fête à la maison.

– Bon ça suffit ! Silence ! Laissons-le reprendre son souffle. Nous aurons toutes les explications plus tard.

Un peu plus tard enfin, on arrive à la maison. Ma chère maison. Alexandre descend de la voiture le premier.

– Je vais te faire couler un bain, lance-t-il.

– Je m'occupe de préparer un repas dont vous me direz des nouvelles, dit à son tour maman Brigitte.

– Quant à moi, commence papa Christian, je vais… Eh, qu'est-ce que je vais pouvoir faire ?

Moi j'ai une idée, parce que je vois bien qu'entre le bain, le méga repas et la liste des questions à n'en plus finir, je risque de louper* mon film du soir et ça je ne le veux pour rien au monde.

– Toi papa, tu écris une liste de dix questions, pas une de plus.

– Pourquoi dix questions ? demande papa Christian.

– Sinon mes réponses risquent de déborder* sur le début du film.

– C'est vrai que ce soir il y a son acteur préféré, réalise maman Brigitte.

Et ils éclatent de rire. J'aime bien les voir rire ensemble.

– C'est d'accord pour les dix questions, soupire mon père.

Ensuite il me prend dans ses bras et me serre fort contre lui. Je ne lui dis pas qu'il m'étouffe un peu, je risque de lui gâcher sa joie. Je dis juste :

– Ouf, je suis fatigué. Après le film je vais dormir jusqu'à ce que je me réveille.

– Sacré Benja, rigole papa, tu peux te vanter* de nous avoir fait peur.

CHAPITRE 14
Un jour nouveau

Monsieur Albert est assis devant un bol de café. Il lit le journal. Il pense à Benjamin : « Il était absent hier. Est-ce qu'il sera là aujourd'hui ? »

Joseph Alasio est couché. Une ambulance l'a ramené à la maison. Il doit rester au lit. Il rêve qu'il est dans un igloo...

Mélanie n'a pas envie d'aller à l'école. Elle ne sait pas encore quelle bêtise elle va faire aujourd'hui.

Monsieur Freira pense aussi à Benjamin : « Est-ce qu'il va venir à l'école aujourd'hui ? »

Monsieur Sorrentino nettoie son petit train. Il se rappelle ce garçon qui lui a fait gagner un joli pourboire. Il sourit.

Le capitaine du ferry-boat est encore chez lui. Il regarde sa collection de modèles réduits : des bateaux, évidemment ! Lui aussi, il pense à Benjamin. Si Benjamin revient le voir, il lui donnera peut-être une maquette du ferry-boat.

Une journée terrible attend Michel. Il pense à son étonnante rencontre la veille avec Benjamin. C'était comme un jour de vacances ! Aujourd'hui, il a des rendez-vous toute la journée, jusqu'à 21 heures.

Moi, je suis dans mon lit, j'ai les yeux ouverts et j'écoute les bruits du dehors. Les bruits du matin, de la ville qui se réveille. Comme ceux que font les éboueurs* lorsqu'ils chargent les poubelles* dans la benne*, à croire qu'ils ne se doutent* pas qu'à cette heure matinale la plupart des personnes dorment encore. Et moi ça, oh, oh, ça m'énerve. Après les gens sont tout chiffonnés* et ils n'ont plus aucune chance de se retrouver un jour avec la tête dans le bon sens.

Pour l'instant, la maison est silencieuse. Mes parents dorment encore. Alexandre, lui, est sans doute réveillé, il doit lire une de ses bandes dessinées, bien à l'abri sous la couette*, pas pressé* pour deux sous de se lever et de se rendre à l'école.

Je ferme lentement les yeux et je tente de me rendormir. Peut-être qu'aujourd'hui encore le miracle aura lieu.

Le réveil oubliera de sonner.

Questions et activités

Après la lecture du chapitre 1
Complète.
1. Le réveil de Benjamin sonne à ..... .
2. Benjamin a ..... minutes pour prendre son petit déjeuner.
3. Il dispose de ..... minutes pour se coiffer et se laver le visage.
4. Il lui faut ..... minutes pour s'habiller.
5. Pour Benjamin, un bon petit déjeuner compte entre ..... et ..... corn-flakes.

Après la lecture du chapitre 2
Dis si les affirmations suivantes sont justes ou non.
1. Benjamin et son frère vont à la même école.
   ☐ oui   ☐ non
2. Papa Christian emmène Alexandre à son école.
   ☐ oui   ☐ non
3. Benjamin prend le car de ramassage.
   ☐ oui   ☐ non
4. Dans le car, Benjamin change toujours de place.
   ☐ oui   ☐ non
5. Les enfants du car de ramassage aiment bien le chahut.
   ☐ oui   ☐ non
6. Pour Benjamin, les places dans le car et les horaires sont très importants. Si on ne les respecte pas, rien ne va plus.
   ☐ oui   ☐ non

Après la lecture du chapitre 3
Coche les affirmations justes.
1. Benjamin a des problèmes et s'énerve facilement parce que :
   a. il a eu un accident quand il était petit.   ☐
   b. c'est un enfant prématuré.   ☐

c. il a eu une maladie très grave. ☐

2. Benjamin a de gros problèmes pour prononcer certains mots. On le comprend quand :
   a. il est détendu et qu'on est gentil avec lui. ☐
   b. il explique quelque chose de compliqué. ☐
   c. il parle à des gens nouveaux. ☐

Après la lecture du chapitre 4
Réponds aux questions.

1. Pourquoi est-ce que tout le monde est en retard ce matin-là ?

2. Comment est-ce que Benjamin va aller à l'école ?

3. Qui doit payer la course à Joseph Alasio ?

4. Que fait Joseph Alasio au croisement quand le feu passe à l'orange ?

5. Est-ce que Joseph Alasio va prendre Benjamin ? Pourquoi ?

Après la lecture du chapitre 5
Dis si les affirmations suivantes sont justes ou non.

1. Mélanie parle gentiment et doucement à Benjamin pour le calmer.
   ☐ oui   ☐ non

2. Mélanie ne comprend pas les réponses de Benjamin.
   ☐ oui   ☐ non

3. Benjamin n'a pas de ticket de bus. Mélanie lui en donne un.
   ☐ oui   ☐ non

4. Mélanie aide Benjamin à monter dans le bus.
   ☐ oui   ☐ non

5. Benjamin dit merci à Mélanie.
   ☐ oui   ☐ non

6. Les garçons se moquent de Mélanie parce qu'elle a aidé Benjamin.
   ☐ oui   ☐ non

Après la lecture du chapitre 6
Réponds aux questions.
1. Combien de fois est-ce que Benjamin est allé à Saint-Thys en car de ramassage scolaire?
2. Est-ce que le bus prend le même chemin que le car de ramassage?
3. Qu'est-ce qu'il se passe avant le septième arrêt?
4. Pourquoi est-ce que Benjamin descend au septième arrêt et non au huitième arrêt?
5. Comment réagit Benjamin quand il est sur le trottoir et que le bus repart?

Après la lecture du chapitre 7
Dis si les affirmations suivantes sont justes ou non.
1. Benjamin ne sait pas où il est. Il décide d'avancer au hasard.
   ☐ oui   ☐ non
2. Il s'assoit sur la banquette d'un petit train pour touristes et achète un ticket.
   ☐ oui   ☐ non
3. L'homme qui ramasse les billets ne comprend pas Benjamin. Il ne dit rien et passe au client suivant.
   ☐ oui   ☐ non
4. Benjamin est le frère de l'homme.
   ☐ oui   ☐ non
5. Benjamin peut voyager sans payer.
   ☐ oui   ☐ non

Après la lecture du chapitre 8
Coche les affirmations justes.
1. a. Benjamin est très énervé pendant la visite de la ville dans le petit train. ☐
   b. Benjamin ne comprend pas toutes les explications de la voix dans les haut-parleurs. ☐

c. Benjamin est heureux de découvrir quelque chose
de nouveau sans horaires fixes. ☐

2. a. Quand il crie « Plus vite, chauffeur ! »
dans l'embouteillage, les passagers râlent. ☐

b. Les passagers chantent en chœur
« Plus vite, chauffeur ! » et tapent dans leurs mains. ☐

c. Les gens dans la rue chantent aussi
« Plus vite, chauffeur ! ». ☐

Après la lecture du chapitre 9
Réponds aux questions.
1. Les repas à Saint-Thys
a. À quelle heure est la pause collation le matin ?
b. Que mange et que boit Benjamin ?
c. À quelle heure est le déjeuner ?
d. À quelle heure est le goûter ?
e. Où est la place de Benjamin ?
f. Qu'est-ce qu'il mange ?

2. Au restaurant
a. Pourquoi est-ce que monsieur Sorrentino invite Benjamin
au restaurant ?
b. Qu'est-ce qu'ils mangent ?
c. Qu'est-ce qu'ils boivent ?
d. Est-ce que Benjamin donne son numéro de téléphone à
monsieur Sorrentino ?

Après la lecture du chapitre 10
Réponds aux questions.
1. Benjamin pense qu'il faut prévenir ses parents. Qu'est-ce
qu'il peut faire ? Il y a deux possibilités : lesquelles ?
2. Benjamin monte à bord d'un bateau. Qu'est-ce qu'il fait
quand le contrôleur lui demande son ticket ?
3. Est-ce qu'il fait plusieurs traversées ?
4. Est-ce que le capitaine est gentil ou méchant avec lui ?

Après la lecture du chapitre 11
Explique.
1. Un ferry-boat, qu'est-ce que c'est ?
2. « Aujourd'hui, j'ai des étoiles plein la tête » :
   qu'est-ce que Benjamin veut dire ?
3. Pourquoi est-ce que Benjamin veut rentrer tout à coup
   à la maison ?
4. Pourquoi est-ce qu'il aime Louis de Funès ?

Après la lecture du chapitre 12
Dis si les affirmations suivantes sont justes ou non.
1. Michel est orthophoniste à Saint-Thys. Il fait travailler
   Benjamin une demi-heure par semaine à l'école.
   ☐ oui   ☐ non
2. Les jours pairs, c'est maman Brigitte qui le fait travailler.
   Les jours impairs, c'est papa Christian.
   ☐ oui   ☐ non
3. Benjamin raconte toute sa journée à Michel.
   ☐ oui   ☐ non
4. Benjamin demande à Michel d'appeler ses parents.
   ☐ oui   ☐ non
5. Michel invite Benjamin au bar de la Marine.
   ☐ oui   ☐ non

Après la lecture du chapitre 13
Explique.
1. « Tu sais, j'ai fait un grand voyage ! » :
   qu'est-ce que Benjamin veut dire ?
2. Papa Christian demande le silence dans la voiture.
   Pourquoi ?
3. Benjamin ne veut pas répondre à plus de dix questions.
   Pourquoi ?

Après la lecture du chapitre 14

Réponds aux questions.

Qui sont les personnages suivants ? Dans quels chapitres est-ce que tu les as rencontrés ?

a. Monsieur Albert ;
b. Joseph Alasio ;
c. Mélanie ;
d. Monsieur Sorrentino ;
e. Michel.

Après la lecture de tout le roman

Fais les activités suivantes.

1. Écris un texte pour la quatrième page de couverture.
2. Rédige un courriel pour donner envie à un(e) ami(e) de lire ce livre.
3. Écris une critique de ce roman pour le journal de ton école ou pour un site Internet.
4. Écris une lettre à l'auteur de ce roman.
5. *Le jour où j'ai raté le bus*: penses-tu que le titre du roman est bien choisi ? Quel autre titre proposerais-tu ?

Lexique

Les explications données ne tiennent compte que du sens des expressions dans le texte.

fam. = familier ; **qqn** = quelqu'un ; **qqch.** = quelque chose.

un **abribus** : un arrêt de bus avec un toit
accélérer : aller plus vite
accidentel : par hasard
accoster : s'approcher, se ranger le long du quai
s'**acquitter de** : payer
être **affamé** : avoir faim
s'**affoler** : paniquer, perdre son calme
   ça m'affole : ça me fait perdre mon calme
les **aiguilles** : elles indiquent l'heure quand on regarde
sa montre
aîné : plus âgé, plus vieux
s'**angoisser** : s'inquiéter
s'**apercevoir que** : voir que, remarquer que
apprécier : trouver bien
un **avis de recherche** : un appel pour retrouver qqn
baragouiner : parler mal ; mal prononcer
basculer dans le vide : tomber
la **benne** : le camion qui ramasse les ordures
le **bisou baveux** : un baiser mouillé
la **bouillabaisse** : soupe de poissons (spécialité de Marseille)
le **car de ramassage** : le bus spécial qui emmène les enfants
à l'école
le **chahut** : les cris des enfants qui énervent le chauffeur
la **chaîne téléphonique** : suite de conversations
au téléphone
le **charabia** : une suite de mots qu'on ne comprend pas
charrier qqn : se moquer de qqn

chauve: sans cheveux

chiffonné: fatigué

chuchoter: parler à voix basse, tout doucement

le passager **clandestin**: un passager qui se cache (parce qu'il ne veut pas payer)

faire un **clin d'œil**: faire un signe à qqn en fermant et en ouvrant rapidement un œil

coincé: bloqué, immobilisé

un billet **coincé entre le pouce et l'index**: un billet qu'on tient avec deux doigts, le pouce et l'index

papa s'y **colle**: papa s'en occupe

composter un billet: mettre son billet dans un appareil qui marque la date

le **compteur kilométrique**: dans une voiture, l'appareil qui indique la vitesse et les kilomètres

avoir **confiance**: être sûr que tout est bien

se sentir **en confiance**: se sentir bien avec qqn

connaître: savoir, avoir déjà vu

connu: qu'on connaît

la **consigne**: l'instruction, ce qu'il faut faire

se **contenter de** taper sur l'épaule: seulement taper sur l'épaule et ne rien faire d'autre

se **contorsionner**: faire des mouvements bizarres

aucune **contrariété**: rien qui me rend triste

sous la **couette**: sous les couvertures, dans son lit

le **crâne**: (le haut de) la tête

craquer: ne plus pouvoir continuer, être obligé de s'arrêter

la **crevette**: petit animal qui vit dans la mer. Benjamin appelle les femmes qui ne le comprennent pas des crevettes

le **débardeur**: un genre de tee-shirt sans manches

le **débarcadère**: quai où les gens descendent du ferry-boat

le **débile**: l'idiot

déborder sur le début du film: ne pas être terminé quand le film va commencer

se **débrouiller tout seul:** réussir à faire qqch. sans l'aide de qqn

ça **dérange qqn:** ça gêne qqn

se **désaltérer:** boire quand on a soif

se **détendre:** se décontracter

  être **détendu:** être cool, être moins agressif

deviner: comprendre, découvrir sans explication

le **doigt:** la main compte cinq doigts

se **douter que:** penser que

mon voyage a assez **duré:** mon voyage a été assez long comme ça

un **éboueur:** personne qui ramasse les ordures

échouer: ne pas réussir, rater

s'**éclipser:** partir; ici: descendre du bus

un **embouteillage:** des voitures qui n'avancent pas parce qu'elles sont trop nombreuses

embrouiller: troubler, tromper

je n'arrive pas à m'en **empêcher:** je ne peux pas faire autre chose, je suis obligé de le faire

ça m'**énerve:** cela me gêne, m'excite; je perds patience

s'**entêter à faire qqch.:** continuer de faire qqch.

épuisé: fatigué

s'**esclaffer:** dire en riant

j'ai des **étoiles plein la tête:** je suis très heureux

extraordinaire: pas comme les autres

qu'est-ce que tu **fabriques?** (fam.): qu'est-ce que tu fais?

le **ferry-boat:** le bateau / la navette qui traverse le port de Marseille

la **fréquence grésille:** on entend la radio du taxi

gâcher: rendre désagréable, enlever le plaisir

gagner cinq minutes: avoir cinq minutes de plus parce qu'on est rapide le **gars**: l'homme, le garçon

de l'eau **gazeuse**: eau qui contient du gaz carbonique, qui fait des bulles

gourmand: qui aime manger de bonnes choses

la **grimace**: changement de l'expression du visage, de sa forme

grimper: monter

la **honte**: sentiment désagréable quand on a fait une faute

les **horaires**: l'heure, l'emploi du temps

un **horodateur**: un appareil qui marque l'heure du stationnement

une **huître**: un coquillage

une **humiliation en public**: une situation gênante devant tout le monde

se retrouver **immobilisé**: ne plus pouvoir avancer ou reculer, être bloqué

les jours **impairs**: le 1er, le 3, le 5, etc.

un mouvement **incontrôlé**: un geste qu'on fait sans vouloir le faire

l'**indicatif de la région**: la partie du numéro de téléphone qui indique la région (par exemple, 04 pour Marseille)

s'**inonder**: mettre de l'eau partout, renverser de l'eau sur ses vêtements

être **inquiet**: avoir peur, ne pas être tranquille

s'**inquiéter**: se faire du souci, avoir peur d'un problème

un **intrus**: quelqu'un qui ne doit pas être là mais qui est là quand même

s'**inverser de sens**: changer de sens, être en sens contraire

s'**isoler**: se séparer des autres

le **kiné(sithérapeute)**: le masseur

je risque de **louper mon film**: je risque de rater / de ne pas voir mon film

il a du **mal à en venir à bout**: il a du mal à / il lui est difficile de finir sa glace

manquer de faire qqch.: presque faire qqch. mais ne pas le faire

manquer de s'étaler: presque tomber

une personne me manque: j'ai envie de voir cette personne, je suis triste parce que cette personne n'est pas là

tout **marche de travers**: rien ne va plus

en avoir **marre de qqch.** (fam.): ne plus supporter qqch.

le **masseur**: personne qui fait des massages

une **méchanceté**: plaisanterie méchante, qui fait du mal

la pêche **Melba**: une glace à la vanille avec des fruits et de la crème Chantilly

se **mettre à** (tourner): commencer à (tourner)

le **minot**: l'enfant (à Marseille)

mourir (on meurt): arrêter de vivre

mourir de rire: rire sans pouvoir s'arrêter parce qu'une chose est très drôle

un sacré **numéro**: une personne originale, bizarre

un **orthophoniste**: un spécialiste des problèmes de prononciation

les jours **pairs**: le 2, le 4, le 6, etc.

paniquer: s'affoler, avoir peur

pendu: accroché, suspendu, attaché

percuter un passant: bousculer un passant, se cogner contre un passant

avoir un **pincement au cœur**: se sentir triste, être triste pendant quelques secondes

la **plupart des personnes**: presque toutes les personnes

la **poissonnière**: la marchande de poissons

la **poubelle**: boîte qui contient les ordures

le **pourboire**: l'argent qu'on donne en plus du prix quand on est content (par exemple, au restaurant)

la **poussette**: une petite voiture pour promener les enfants

prématuré: né avant la date prévue, né trop tôt

pas **pressé pour deux sous**: pas pressé du tout
prévenir: informer
prévisible: qu'on sait à l'avance
profiter de: utiliser
    en profiter pour: c'est l'occasion de
    profiter de l'arrêt pour: l'arrêt me permet de, l'arrêt est
    l'occasion de
    profiter des deux minutes: faire ce que je veux pendant
    les deux minutes
protester: dire qu'on n'est pas d'accord
la **quantité** (de corn-flakes): le nombre (de corn-flakes)
le **quartier**: la partie d'une ville
la **raie**: ligne qui sépare les cheveux en deux parties quand
on se coiffe
râler: rouspéter, montrer qu'on n'est pas content
rassurer qqn: dire à qqn qu'il ne s'inquiète pas, que tout va
bien
    ça me rassure: je ne suis plus inquiet
rater: ne pas pouvoir prendre, ne pas pouvoir regarder
réaliser: comprendre
j'ai réalisé un grand voyage: j'ai fait un grand voyage
reconnaître: retrouver, voir qqch. qu'on connaît
reculer: aller en arrière
    faire reculer: écarter, pousser
se **régaler**: prendre plaisir à manger
jeter un **regard assassin**: regarder très durement
régler: payer; la course sera réglée par le directeur:
le directeur va payer le taxi
prendre le **relais**: continuer ce que qqn a commencé
rentrer dans l'ordre: redevenir normal
rentrer dedans: percuter*
partir à la **renverse**: tomber en arrière, sur le dos
respecter qqch.: ne pas changer, ne pas modifier qqch.

respecter les horaires: faire les choses comme prévu, ni plus tôt ni plus tard

respirer à fond: respirer profondément, souffler lentement

les **retrouvailles**: quand on retrouve des gens après une séparation

le **réveil**: 1. le moment où on arrête de dormir, le moment où on se lève; 2. appareil qui indique l'heure et qui sonne quand il est l'heure de se lever

    un **réveil raté**: une journée qui commence mal

j'**en reviens pas**: je suis très surpris

rigoler: plaisanter, rire

rigoler de qqn: se moquer de qqn

la **routine**: le programme, le train-train

sans que je **sache pourquoi**: je ne sais pas pourquoi

faire **semblant d'être en colère**: ne pas être en colère mais crier quand même; faire comme si on était en colère

le mauvais **sens**: la mauvaise direction

signifier: faire comprendre, dire

prends **soin de toi!**: fais attention à toi!

le **sommet du crâne**: le dessus de la tête

se faire du **souci**: s'inquiéter, ne pas être tranquille

une bouteille d'eau **suffira**: on prend seulement une bouteille d'eau; une bouteille d'eau, c'est assez

surgir: apparaître brusquement

une **surprise**: qqch. qu'on n'attend pas

    aucune surprise: pas de surprise, de plaisir qu'on n'attend pas

le **survivant**: personne qui reste en vie après un événement terrible

tâcher de: essayer de, faire un effort

un mur **tagué**: un mur avec des tags, des graffitis

le **tamponneur-sauveur**: mot inventé par l'auteur
= tamponneur: celui qui tampone, percute;
sauveur: celui qui sauve, qui va prévenir les parents

le **taré**: le débile, l'idiot

le **temps**: ce qu'on mesure avec une montre, un réveil

    un **temps largement suffisant**: un temps bien assez long

il a **tenu à me payer le restaurant**: il a voulu m'inviter

le **territoire**: un endroit, un domaine, un lieu

    un **territoire inconnu**: un lieu nouveau, un endroit qu'on ne connaît pas

la **tête**: partie du corps qui comporte les yeux, le nez, la bouche et les oreilles

    avoir la **tête en bas**: c'est une image: Benjamin imagine que les gens qui sont de l'autre côté du monde ont la tête en bas quand nous avons la tête en haut

    avoir la **tête à l'envers**: dans le mauvais sens

    faire une **tête de sardine**: pour Benjamin, cela signifie: ne rien comprendre, ne pas comprendre

    se retrouver la **tête dans le mauvais sens**: avoir la tête à l'envers; c'est une image: les gens ne savent plus quoi faire

je fais mon **têtu**: je fais comme je veux

se **tortiller**: bouger, remuer

tourner: bouger comme une roue, faire le mouvement d'une roue

    le monde **tourne à l'envers**: le monde tourne dans le mauvais sens, rien ne va plus

la **trace**: la marque

    il n'y a presque **plus aucune trace**: on ne remarque plus rien

tout va de **travers**: rien ne va

trébucher: perdre l'équilibre, buter contre qqch.

se **tromper**: faire une erreur; ici: ne pas donner la bonne quantité

avec des **tuyaux plantés de partout**: avec des tubes dans tous les sens

se **vanter de**: être fier de, raconter à tout le monde que…

la **vitre**: la fenêtre
la baie **vitrée**: une grande fenêtre
je le **vois venir avec ses gros sabots**: je comprends
qu'il veut appeler mes parents
je l'ai **vu venir avec ses grosses bottes de marin**:
j'ai compris qu'il voulait appeler mes parents
avoir les **yeux plus gros que le ventre**: commander /
prendre plus que l'on peut manger

Réponses aux questions

Chapitre 1
1. Le réveil de Benjamin sonne à sept heures moins le quart (6 h 45).
2. Benjamin a quinze minutes pour prendre son petit déjeuner.
3. Il dispose de dix minutes pour se coiffer et se laver le visage.
4. Il lui faut vingt minutes pour s'habiller.
5. Pour Benjamin, un bon petit déjeuner compte entre soixante et quatre-vingts corn-flakes.

Chapitre 2
Oui : 3, 5, 6 ; non : 1, 2, 4.

Chapitre 3
1b ; 2a.

Chapitre 4
1. Parce que le réveil n'a pas sonné.
2. Il va aller à l'école en taxi.
3. Le directeur de l'école.
4. Il accélère.
5. Non. Joseph Alasio a un accident.

Chapitre 5
Oui : 1, 3, 5 ; non : 2, 4, 6.

Chapitre 6
1. Trois mille six cents fois.
2. Non, il prend un autre chemin.
3. Le bus est immobilisé / bloqué dans un embouteillage.
4. Il a honte d'avoir crié « Plus vite chauffeur, plus vite ! » dans un bus qui transporte des gens ordinaires. Il veut descendre le plus vite possible.
5. Il ne reconnaît rien et ça l'énerve. Il est inquiet aussi.

Chapitre 7
Oui: 1, 3, 5; non: 2, 4.

Chapitre 8
1c; 2b.

Chapitre 9
1. Les repas à Saint-Thys
a. La pause collation est à dix heures du matin.
b. Il mange deux biscuits et boit un grand verre de jus d'orange.
c. Le déjeuner a lieu de midi quinze à treize heures dix.
d. Le goûter est à seize heures.
e. Entre Fabrice et Coralie, sur le banc qui se trouve à côté des toilettes.
f. Il mange deux biscuits et un fruit: une pomme, une poire ou une banane.

2. Au restaurant
a. Parce qu'il veut remercier Benjamin. Grâce à lui, les clients ont donné de gros pourboires.
b. Ils mangent une bouillabaisse.
c. Ils boivent de l'eau gazeuse.
d. Non.

Chapitre 10
1. Il peut demander à une personne qui téléphone dans la rue de lui prêter son portable. Il peut aussi demander à un taxi de l'emmener jusqu'à la maison.
2. Il parle en charabia. Le contrôleur ne dit rien et Benjamin peut rester.
3. Il fait trois ou quatre traversées.
4. Le capitaine est gentil avec lui.

Chapitre 11
1. Un ferry-boat, c'est un bateau. C'est le bateau qui traverse la rade de Marseille.
2. Benjamin veut dire qu'il est très heureux.

3. Il veut être rentré assez tôt pour regarder un film avec Louis de Funès à la télévision.
4. Parce qu'il est un peu comme lui: Louis de Funès fait plein de grimaces, des gestes dans tous les sens, et bien souvent personne ne comprend rien à ce qu'il raconte.

Chapitre 12
Oui: 1, 3, 5; non: 2, 4.

Chapitre 13
1. C'est la première fois qu'il prend le bus, le bateau et le train tout seul et qu'il découvre la ville sans aucune aide.
2. Il a compris que toutes les questions qu'on pose à Benjamin le fatiguent. Il ne veut pas que Benjamin se referme: il demande le silence.
3. Benjamin veut regarder son film à la télé. Il n'a pas le temps de répondre à plus de dix questions.

Chapitre 14
1. Monsieur Albert: chauffeur du car de ramassage scolaire. Chapitre 2.
2. Joseph Alasio: chauffeur de taxi. Chapitre 4.
3. Mélanie: fille qui a fait semblant d'aider Benjamin et qui l'a fait monter dans le bus. Chapitre 5.
4. Monsieur Sorrentino: patron du petit train. Chapitres 7 et 9.
5. Michel: orthophoniste de Benjamin. Chapitres 11, 12 et 13.

Activités après lecture de tout le roman
Réponses individuelles.